春秋公羊經傳解詁昭公第十

何休學

元年春王正月公即位叔孫豹會晉趙武

楚公子圍齊國酌宋向戌衛石惡陳公子

招蔡公孫歸生鄭軒虎許人曹人于漷戌惡

皆與君同名不正之者正之當貶貶之之嫌
觸大惡方諱二名為諱義當正亦可知

招也何以不稱弟稱弟據八年殺此陳侯之弟

為殺世子偃師貶曰陳侯之弟招殺陳

世子偃師大夫相殺稱人此其稱名氏以

殺何難八年事言將自是弒君也明其欲弒君故令與弒君而立者同文孔瑗弒

君本謀在招今將爾詞曷為與親弒者同君親無

弒也將將而必誅焉然則曷為不於其弒焉貶據殺偃師

將以親者弒然後其罪惡甚春秋不待貶

絕而罪惡見者不貶絕以見罪惡也師以

貶絕然後罪惡見者貶絕以見罪惡也公子招稱偃

此不據棄疾著招之有罪也何著乎招之有罪

不著招之罪已重矣曷為復貶貶乎及楚人討

舒貶皆是也今招之罪討招以滅陳也討招以

不據棄疾言楚之託乎討招以滅陳也討招託

滅陳意也所以起之者八年先言滅後言執託討招乃滅陳也 三月

不明故諜貶於此明楚先以正罪討招乃滅陳也

取運運者何內之邑也其言取之何據自魯有

取運運者何內之邑也其言取之何

不聽也　不聽者叛也不言叛者為內諱故書取以起之不
以文德來之而便以兵取之當與外取邑同罪為內喜得之
故書取以月者

夫此何以書仕諸晉也　為仕之其曷為仕諸晉
於晉書之

夏秦伯之弟鍼出奔晉秦無大　據國地足
以禄之

有千乘之國　十井為一乘公侯封方百里
二百五十乘時秦侵凡千乘伯四百九十乘子男
伐自廣大故曰千乘

而不能容其母弟故君子　弟賢當任用之不肖當安處之乃
仕之他國與逐之無異故云爾

謂之出奔也　六月

丁巳邾婁子華卒晉荀吳師師敗狄于大　妻子華卒晉吳師師敗狄于大

原此大鹵也曷為謂之大原　據讀言
大原也地物從

中國　以中國形名言之所
以曉中國教殊俗也
也不若地物有形名可
得從主人夷狄所名

原者何上平曰原下平曰　邑人名從主人夷狄所名

隰　分別之者地勢各有所生原宜粟
隰宜麥當教民所宜因以制貢賦

入于莒莒展出奔吳　主書去疾者重莒也莒無大
夫書展者起與去疾爭簒當
國出奔言自齊者當坐有力也皆不氏者當
無大夫去氏者莒殺意恢稱公子簒重
不嫌本不當氏

弓帥師疆運田　叔

與莒為竟則曷為師師而往　疆竟也與莒是正
竟界若言城中立

葬邾婁妻　據非疆界若言城中立
侵伐畏莒也
正竟刺魯微弱失操煩擾百姓

悼公冬十有一月己酉楚子卷卒楚公子
比出奔晉　辟內難也

二年春晉侯使韓起來聘夏叔弓如晉秋

鄭殺其大夫公孫黑冬公如晉至河乃復

公羊十　癸丑重刊　三　李大亨
大二　小三于

秋莒去疾自齊

其言至河乃復何
敢進也
孫宿如晉

三年春王正月丁未滕子泉卒夏叔弓如
晉
冬大雨雹
秋小邾婁妻子來朝八月大雩
坺燕伯款出奔齊

四年春王正月大雨雪
夏楚子蔡侯
陳侯鄭伯許男徐子滕子頓子胡子沈子
小邾婁妻子宋世子佐淮夷會于申

子蔡侯陳侯許男頓子沈子淮夷伐
楚人執徐子秋七月楚
吳執齊慶封殺之此僣吳也其言執齊慶
封何為齊誅也
封何為齊誅也
吳執齊慶封殺之此僣吳也其言執齊慶
封之於防
走之吳
封之於防
言伐防
不與諸侯專封也
之罪何脅齊君而亂齊國也
月者善
義兵
遂滅厲
九月取鄫其

言取之何据國以言滅之也滅之則其言取之

何内大惡諱也

卯叔孫豹卒 冬十有二月乙

五年春王正月舍中軍 舍中軍者何復古也善復也然則曷為不言三卿者何復古也

言中軍者五亦有中三亦有中三亦有中 中意作時益中軍不可知也

解言三卿因以為難 五亦有中三亦有中

難下中不言三也如師解師本益中軍 下中難上不言中故解上以解下以此故則下不言三也如此則下不言三亦可知也

不言卿者欲同上下文以指起傳不止以解之者以上解下文當同亦可知月者善錄之

夫屈申公如晉夏莒牟夷以牟婁及防兹來奔 楚殺其大夫公子圍 楚殺其大

何以書重地也其言及防兹來奔何

來奔莒牟夷者何莒大夫也莒無大夫此

師敗莒師于濆泉濆泉者何直泉也直泉

者何涌泉也

不名 秦者夷也匿嫡之名也

楚子蔡侯陳侯許男頓子沈子徐人越人

伐吳

吳未服慶封之罪也越稱人者俱助義兵意進子淮夷故加人以進之義兵不月者進越省文

六年春王正月杞伯益姑卒

復卒之者八所見此責小國詳始錄内侯内行小矢不可勝書故於終略責之見其義賦之煩也

楚薳頗師師伐吳冬叔弓如楚齊侯

景公夏季孫宿如晉葬杞文公宋華

合比出奔衛秋九月大雩先是季孫宿如晉葬杞文是後有豫

伐北燕

七年春王正月暨齊平者書善錄内也不出主名者君相與平國中皆安故

孫舍如齊蒞盟夏四月甲辰朔日有食之三月公如楚叔

以舉國體言之者刺内暨暨也時魯方結婚于吳外慕強楚故不汲汲于齊

是後楚滅陳楚弒其君于乾谿

至自楚冬十有一月癸未季孫宿卒十有當時而日者世子餬有惡疾不早廢之臨死乃命臣下廢

二月癸亥葬衛襄公

八年春陳侯之弟招殺陳世子偃師說在元年變其弟

言陳者起招致楚滅陳自此始致重舉國滅

弓如晉楚人執陳行人干徵師殺之陳公

子留出奔鄭秋蒐于紅蔿者何蔿車徒也

徒眾何以書蓋以罕書書也

陳人殺其大

夫公子過大雩

子留出奔鄭秋蒐于紅蔿者何蔿車徒也

先見公如楚少年乃說任标如楚六年

歸情多賦重所致冬十月壬

公羊十

八五

道

夫人姜氏薨大雪

向文告糴公羊曰

冬十月
卜留田禾猶未蔵卜三有事何車教也

八年春斬衆之木品發斬廿卜卻而

二月癸亥葬端襄公

至自齊冬十有一月癸未季孫卒

八年春斬衆之木品發斬廿卜卻而

紇會晉師監夏四月甲辰朕日官貪之

三月公叔教妹

子卒葬王氏疆瘧平

斺北燕

教葬敵甲如吳冬已取教瘧突

合卜出本斋殊夏六月大雪

景公夏季紇留敗晉粱文公本華

六年春王五月叫卯益教卒

叶吳

午楚師滅陳執陳公子招放之于越殺陳

孔瑗葬陳哀公 不先書者本懷滅心重舉陳者 上巳言滅不復重舉無以明 日者疾詐讓滅人也不舉滅為重復書 顧故當存 不樂小地者 據災異 為 滅為重復書者疾詐讓故列見之託義

九年春叔弓會楚子于陳 名錄猶宋郪以邑 陳巳滅復見者從地以邑 許遷于夷夏四月陳火陳巳滅 陳火存陳者書見陳巳滅復火之者 死灰復燃之象

笑其言陳火何 據災異 有國者戒為 存陳也 陳火存陳也書陳火者天所存為悲之也不書孔瑗

曰存陳焐矣 此天意欲存之 故從有國記災 也 據災非一天意曷滅人之國執人之罪

為存陳 為悲陳而存之 滅人之國執人之君是則陳 君賊也 孔瑗弒 葬人之君是則天方不與楚討賊也 待之此月者閔之

人殺人之賊 罪人招 殺也 招人

矍如齊冬築郎圃

奰如齊冬築郎圃 弒君者卒為招弒當寧舉招為重 故沒招正賊文以將與上貶起之 楚為無道託討賊行義 而滅其國若是則天存之者悲之也

存焐矣 秋仲孫

 一公羊

 八六

 六弓

十年春王正月夏晉欒施來奔秋七月季

孫隱如叔弓仲孫矍師師伐莒戊子晉侯

彪卒九月叔孫舍如晉葬晉平公十有二

月甲子宋公成卒 去冬首蓋昭公取吳 孟子之年故既之

十有一年春王正月叔弓如宋葬宋平公

夏四月丁巳楚子虔誘蔡侯般殺之于申

楚子虔何以名 據誘戒曼 絕曷為絕之 據俱為 誘之 蔡侯般弒 父而立

其誘討也 使不自知而誘 死故加誘 此討賊也雖誘

于楚師滅陳執陳公子招放之于越殺陳孔瑗葬陳哀公[illegible]

[illegible]

九年春叔弓會楚子于陳[illegible]許遷于夷夏四月陳火陳已滅矣其言陳火何[illegible]存陳也曰存陳悕矣[illegible]曷爲存陳滅人之國執人之罪人殺人之賊葬人之君若是則陳存悕矣[illegible]

[illegible]秋仲孫貜如齊冬築郎囿

十年春王正月夏晉欒施來奔秋七月季孫隱如叔弓仲孫貜帥師伐莒戊子晉侯彪卒九月叔孫舍如晉葬晉平公十有二月甲子宋公戌卒[illegible]

十有一年春王正月叔弓如宋葬宋平公

夏四月丁巳楚子虔誘蔡侯般殺之于申

楚子虔何以名[illegible]絕曷爲絕之爲其誘討也[illegible]此討賊也[illegible]雖誘

之則曷爲絕之
據與莊王外討晉文譎尊
懷惡而討不義

君子不予也
討晉之心而外託討賊故不與其討

楚公子棄疾帥師圍蔡
內懷刻國之心而外責其賊誘詐也地者起以好會誘之

氏薨大蒐于比蒲大蒐者何簡車徒也何
不日者蓋以罕書也

以書蓋以罕書也
六年 說在桓

子盟于侵羊
使若議結著事 秋季孫隱如
甲申夫人歸

君齊歸齊歸者何昭公之母也
歸氏胡女嫡夫 襄公

軒虎曹人杞人于堀銀九月己亥葬我小
仲孫貜會邾妻

會晉韓起齊國酌宋華亥衛北宮佗鄭

人冬十有一月丁酉楚師滅蔡執蔡世
此據楚殺蔡世

大三伯十九字
小二伯二十字

公羊十
一七
余安

子有以歸用之此未踰年之君也其稱世
靈公即般
也靈公不君

子何據陳不君靈公不成其子也
與靈公坐弒父弒不得爲君也不弒其子不成其子
子繼父也上不與發誘討嫌有不當絕故正之云耳 不君

子不立
雖不與楚誘討其惡坐弒父弒以誅以誅君之
君論之故云爾言執者時楚託義滅之 非

靈公則曷爲不成其子
父誅絕子 當絕 其身誅君之

怒也無繼也
當絕 此惡惡 惡惡

用之防奈何蓋以築防也
持其足以頭築防惡 不以道孔子曰人而

十有二年春齊高偃帥師納北燕伯于
即納上伯款非犯父命不當言于陽
也日者疾護滅人 又微國出入不兩書伯不當再出

陽伯于陽者何
即納國出入不當言于陽
不仁疾之已甚亂也

公子陽生也子曰我乃知之矣

是歲也時孔子年二十三貝知其事後作春秋案史記知公誤為伯子誤為于陽在生川試闕

者曰子苟知之何以不革曰如爾所不知

何如猶柰也柰女所不知何寧可強更之乎此夫子紁為後人妄億揣子絕四毋意毋必

春秋之信史也其序則齊桓晉文

唯齊桓晉文會能以德優歲國大小相次序

母固我非齊桓晉文則如主會者為之雖下言于此燕書史文也此燕本於上縱史文也

焉爾

聖人之德盛尚謙故自名其貶絕譏刺之辭有所失者是立之罪所纂出本者微國雖未踰年君猶不錄不足惡紁篡也不書

也優歲大小相越

其會則主會者為之三月壬

其詞則立有罪

申鄭伯嘉卒夏宋公使華定來聘公如

晉至河乃復五月葬鄭簡公楚殺其大

夫成然秋七月冬十月公子整出奔齊楚

子伐徐晉伐鮮虞

伏於強令楚行詐滅陳蔡諸夏著中國以無義故為夷狄之以大綏諸侯先以立歲行霸故狄之

十有三年春叔弓帥師圍費夏四月楚公

懼然云而與晉會二屆銀下因以大綏諸博愛而先代同姓從親親者微

子比自晉歸于楚弒其君虔于乾谿此弒

據齊陽生入歸惡不言歸

其君其言歸何靈王為無道作乾

歸無惡於弒立君何

也歸無惡於弒立君何靈王為無道作乾

谿之臺三年不成楚公子棄疾脅比而立

之然後令于乾谿之役曰比已立矣後歸

公羊十　八　八　周

公羊傳

繻于蔡衛東吳縛子衛北省滅國曲其　　蔡衛虛

會公不與盟者何公不見與盟大夫盟何以不與盟公不見與盟　公會晉人盟于　平丘不序公不序公至自會

會公不與盟者　公不見與盟公不與盟　　

盟千平立　公至自會　　

公至於小㑅妻千千平立　人民甲戌同

公謀封郜曹邾牟胙妻千鄟千蔣　　公會齊人

立大夫時殊禕人其其宜千姓同　　言録自見為樂也　　

為呂殊爾　　

㑅呎殊禕人其　其意不當山　

立大夫千千口　　㑅公千千口立夫其禕公千　　

而可　　

茲不晏真其田里寒歸在去之虛千墅

言歸何辭者不與諸侯專封也

者專受其封當誅書者因以起楚封之所以能起者上有
存陳文見滅無君所責又
絕其國即諸侯存

滅州來

十有四年春隱如至自晉三月曹伯滕卒

夏四月秋葬曹武公八月莒子去疾卒

冬莒殺其公子意恢

十有五年春王正月吳子夷昧卒二月癸

酉有事于武宮籥入叔弓卒去樂卒事其

言去樂卒事何

君有事于廟聞大夫之

喪去樂卒事祭事大

主而往

大夫之喪

昭吳奔鄭

月丁巳朔日有食之

吳師師伐鮮虞冬公如晉

十有六年春齊侯伐徐楚子誘戎曼子殺
之楚子何以不名（據誘蔡夷狄相誘）君子不疾
也曷為不疾誘也（據俱）若不疾乃疾之也（以為固當常
為惡也顧以無知薄責之）戎曼稱子者（入昭公見王道大平然者乃所以
百變貢職夷狄皆進）至其爵不卒不地者略也
公至自晉秋八月己亥晉侯夷卒九月大
雩（先是公如晉季孫隱如如晉冬十月葬晉昭公）
星也（三字皆發問者或言之或言于
或言方嫌為字異猶問錄之）其言于大辰何
師滅賁渾戎冬有星孛于大辰孛者何彗
朝日有食之秋郯子來朝八月晉荀吳帥
十有七年春小邾婁子來朝夏六月甲戌

公羊十　癸丑重刊　十一　余元

在大辰也大辰者何大火也（大辰非常名）
大火為大辰（伐謂參伐也大火與伐為天
大火為大辰（北辰亦為大辰所以示民時早晚天下所
北辰亦為大辰（其所迷惑不知東西者須
取正故謂之（北辰北極天之中也常居
大辰辰時也（心者天子明堂
視北辰以別心伐所在故）何以書記異
加亦辰者兩相須之意）
字彗者邪亂之氣掃故置新之象是
後周分為二天下兩主宋南里以云）楚人及吳戰于長
岸詐戰不言戰此其言戰何（據於越敗故
俱無勝負不可言敗故）言戰也不月者略兩夷
十有八年春王三月曹伯須卒夏五月王
午宋衛陳鄭災何以書記異也何異爾異
其同日而俱災也外異不書此何以書為

其同日市肆災少朱異不書此同火舊書禽

朱宋謝晦讒災何火舊書異少同異藏異

十年八年春王三月曹所熊卒真五月壬午

朱言輝不言輝其其信輝何

言輝少不民普賜西美
期無精貞不言減始

劉國卷禽言三天下國至求南里災行
安惠平邦惟之康補火繫暴景
咏不惜兩晰驗之際災
事大少火言人千

同火舊書異少
天千中

大火禽大家北災其災教
大火禽和煜
火少火阼相
光少北災男和早
大火大阼年東西春職
大火中東與常堂
大火與常堂

大火禽大家大衆
何火舊書信異少

公平下 癸丑重丙
 上
 天火少

劉卿長纓客異部開雞人
三夏禦火開普賜人短信平
少大衆信千

其言千大衆何
金八

十年大衆何

大火禽大家者何火少
大小
其言千大衆壹年同慧

相救貴載故唐學宅年大衆壹番同慧
臨日自在負之條千來隨夏六民甲火

十年子平春小株壹年來隨夏六民甲火
雲漠啟醫拜禁毒啟十民肇所品公

公至自晉條人民曰夏啟勺夷卒六月大
百賞貢輝黃美番班至其輝不日番本不日番不
僑隱禦少隨火龍晷離青人榮難年少人見工賜火平
步昭禽不薬鍾難曰番非年少

大禁不不己來勺少卷年民五德回營常

火撃不止何父不谷斯 真

六撃不不己來勺少卷年民五德回營常
火撃不止何父不谷斯

十年大牛春齊炎火餘禁千福災史千樓

天下記異也　詩云其儀不忒正是四國天下象也

是後王室亂諸侯莫肯救故天應以同日

俱災若曰無天下云爾

許遷于白羽

六月邾妻人入鄅秋葬曹平公冬

十有九年春宋公伐邾妻夏五月戊辰許

世子止弒其君買　蔡世子般弒父不忍日此己卯

地震　救晉人圍郊吳勝雜父尹氏立王子朝之應秋齊

高發帥師伐莒冬葬許悼公　賊未討何以

書葬不成于弒也曷為不成于弒据將而

止進藥而藥殺也　時悼公病止進藥

而藥殺則曷為加弒焉爾　据意止進藥

然愈復損一衣則脫　然愈除貌也也止

然愈復損一飯則脫

春之視疾也　樂正子春曾子弟子以孝名聞

不盡也其譏子道之不盡柰何曰樂正子

進藥而藥殺是以君子加弒焉爾　失其消息多少

然愈復加一飯則脫　言消息得其節也止

然愈復加一衣則脫

之　許世子止弒其君買是君子之聽止

宜　葬許悼公是君子之赦止也

也　聽治止罪　原止進藥止罪

本欲愈父之病無　明止進藥

害父之意故赦之　但得繼父後許男

免罪不得繼父後許男

斯代立無惡文是也

二十年春王正月夏曹公孫會自鄸出奔

公半十　癸丑重刊　十二　翁定

二六十候

一六十候

二十年春王正月夏曹公約會目膝出獲

此藥而藥殊縣公甚卞以孫壹爾夫息其死
道白華世亡此藥信卦公縣如卞夫孫山之墜山
曰藥而藥殊縣公甚卞以孫壹爾夫息其死
然食食賞財一涨俱涸鵝一脈俱涸劍
養之縣藥也藥如五十曾一門剪公以瘦止
不盡也其難于直以不盡奉同曰藥五毛
此藥本殊順昌食此廬壺爾善此鵝千首之
山此藥而蘇不盡也鄭公稻藥山數藥出
舊藥不殊不盡也昌食不免千蘇
高發帽帽如曹卒葬奉軒公姐未信同又
故素帽妻人煽祿以飛缸大腦鮮南里
世于北殊其答買日斉姝爾朴宿姝父忠口五
十本山卞養米公姑朴妻夏正月汝汆精
信象不白阡
天下大庫日驗如天郷之同曰
節类凝真日驗如天郷之同曰
大民粟妻人楤妹妹鮮曹平公答
天下弓殊異此 最殊王堂陪楤對其青姝如天郷不汆
精左其類不死五縣四圍天下藥業事

宋奔未有言自者此其言自何

亥入宋南里畔也時會盜鄭畔則曷為不言其
復出奔異也以奔宋
畔鄭如邾妻庶期以

為賢者諱故與自南里同之
諱使若從鄭出奔者

喜時讓國也其讓國柰何曹伯盧
不書喜時讓國故與自南里

卒于師 在成十三年
則未知公子喜時從與曹伯

為主于師
盲者諸侯師出世子率與守國次宜為君

公子員芻從與貟芻喜或為主于國或
時從貟芻喜兄

也逶巡而退賢公子喜時則曷為為會諱
惣也

諱也
君子不使行善者有後患故以喜時見公子貟芻之當主
不通鄭為國如通濫者

君子之善善也長惡惡也短惡惡止其身
善善及子孫賢者子孫故君子為之

秋盜殺衛侯之兄輒母兄稱
有疾也何疾爾惡疾
兄兄何以不立嫡
也

相除裁足通濫爾惡
還國明叔術功惡

公子不言之兄弟之所以絕之以正名也

冬十月宋華

亥向寗華定出奔陳
月者危三大夫同時出奔
將為國家惡明當防之

有一月辛卯蔡侯盧卒

二十有一年春王三月葬蔡平公夏晉侯

使士鞅來聘宋華亥向甯華定自陳入于

宋南里以畔宋南里者何若日因諸者然

因諸者齊放刑人之地公羊子曰以齊諭也宋樂大心自誓入于蕭不言宋南里者略叛臣從刑人于國家才

乙亥叔痤卒冬蔡侯朱出奔楚

前出奔已絕賊復錄者以故大夫專勢入萳君兔君而出當誅

危故重舉國

國奔例月此時脊惡背公如晉至河乃復　中國而與楚故略之

秋七月壬午朔日有食之

足後周有篡禍八月

二十有二年春齊侯伐莒宋華亥向甯華定

自宋南里出奔楚

六月叔鞅如京師葬景王王室亂　謂王猛之事何

地言自者別從國去

大蒐于昌姦夏四月乙丑天王崩

言乎王室亂　據天子之居稱京師天王出居于鄭不言亂

宮謂之室刺周家之微邪庶並篡無一諸侯之助夔京師言王室不言亂

及外也　匹夫之室如一家之亂也故諸侯不事悉解者方責天下

成周言王室者正王以責諸侯不事事京師言王室不言亂者不為天子諱方責天下者方責天下

不較之　劉子單子以王猛居于皇其稱王猛

何據未踰年已　當國也　時欲當王者位故稱居者所見也不舉重者

葬當稱子　當國也國錄居者以

子以王猛入于王城者何西周也　時雖不入成周已得京師地半稱王城王猛見當

為重者時猛尚幼以二子為計勢故加以二子意辭也二子不舉重者尊同權篡

邑白號西周王　其言入何　篡辭也

正置官自號西周故從篡言入起其事也不言西周者本無此國無可與別輕重也

秋劉子單

十月王子猛卒此未踰年之君也其稱王

冬

子猛卒何

者不與當父死子繼兄死及之辭也

簒成者皆與使當君之父死子繼兄死弟及之辭也

成爲君簒也猛未悉得京師未得位

皆不當卒又名者非與使當君成爲君也嫌上入無成周文

非簒辭故從得位卒明其爲簒也月者方以得位

外未踰年君例卒明其爲簒也月者

年君例十有二月癸酉朔日有食之

二十有三年春王正月叔孫舍如晉癸丑

叔輒卒晉人執我行人叔孫舍晉人圍郊

郊者何天子之邑也曷爲不繫

于周不與伐天子也與侵柳同義

國卒于楚

公羊十　癸丑重刊　十五　高郵

秋七月莒子庚輿來奔

以惡朱在三年之內不共悲哀舉錯無度失衆見簒

戊辰吳敗頓胡沈蔡陳許之師于雞父胡

子髡沈子楹滅獲陳夏齧此偏戰也曷爲

以詐戰之辭言之

不與夷狄之主中國也

主中國辭也然則曷爲不使中國主之書主吳中國

亦新夷狄也

獲何

別君臣也君死于位曰滅生得曰獲大夫

不與夷狄之主中國也曷為不與夷狄之主中國

國卒千戈

千問不與夷狄之主中國也

狼者何天下之号曷為以天下之号言之

天子閒田也

二十有三年春王正月

秋六月蔡侯考卒不葬

君不與當父子繼也不與當

毛益卒何不與當父子繼也不與當

生死皆曰獲〔大夫不世故不別死位〕不與夷狄之主中國

則其言獲陳夏齧何〔据荊敗蔡師于莘以蔡侯獻舞歸不言獲吳少〕

進也〔能結日偏戰行少進故從中國辭治之琓楹下云滅者死戰當加禮使若自卒相順也經先舉敗文〕

〔嫌敗走及殺之故以自滅為文本死位乃敗之爾名者從赴辭也〕天王居于狄泉

此未三年其稱天王何〔金不稱天王著有天〕

子也〔時庶孽並篡天王失位從居微弱甚故急著正其號明天下當救其難而事之〕尹氏立

王子朝〔敗言尹氏敗王子朝不貶之權尹氏敗王子朝不貶者年未滿十歲未知欲富貴不當坐明罪在尹氏〕

氏八月乙未地震〔數年晉更起與王爭入遂至是時猛朝更起與王爭入遂至晉陵竟吳敗六國李氏〕

〔逐昭公吳光弒僚滅徐故日至三食地為再動冬公如晉至河公有疾乃〕

復何言乎公有疾乃復〔据上比乃復不言有疾言公不言有疾〕

也者重疾也子之所慎齊戰疾〔因有疾以殺畏晉之恥舉公者重疾也子之所慎齊戰疾〕

二十有四年春王三月丙戌仲孫貜卒叔

孫舍至自晉夏五月乙未朔日有食之〔是後〕

〔季氏逐昭公吳滅巢秋八月大雪〕〔先是公如晉仲孫貜卒民被其役明〕

〔弒其君僚又滅徐年叔倪出會故秋七月復大雪〕丁酉杞伯鬱釐卒冬吳滅巢

葬杞平公

二十有五年春叔孫舍如宋夏叔倪會晉

趙鞅宋樂世心衛北宮喜鄭游吉曹人邾

妻人滕人薛人小邾妻人于黃父有鸜鵒

來巢何以書記異也何異爾非中國之禽

來祭曰以書論其事曰吳歸非中國人會
是入觀入韓入小邾婁入卞黃父事韓歸
鄫婁來祭毋公論北宮喜祝佗皆入卞
二十有正年春祭仲公論新會叔宋夏迮呂會卒
祭仲公
新會金吾昬王巳巳未歸曰有貪人錢
二十有四年春王十二月丙戌卒新鄫卒婦
八月乙未出霓晉至晨公未去未巳
王卒薨
王卒薨
卞三年其辭天王問
天王呂午冰泉
天王問
順其言數柬貞隨何不與其巳大人王中國
生皮皆曰數大夫不與其巳大夫之王中國

也宜穴又巢也　非中國之禽而來居此國將危亡之象鸛鵒猶權欲宜穴又巢此權臣欲國自下居上之徵也　共後卒為季氏所逐

雩又雩者何又雩也聚眾以逐

季氏也　一月不當再舉雩言又雩者非雩也聚眾欲以逐季氏不書逐季氏者諱言上不當為所敗故因雩起其事也

月己亥公孫于齊次于楊州　地者臣子痛君失位詳録所舍止　九

齊侯唁公于野井公者何昭公將弒季

氏　傳言弒者從昭公之辭　告子家駒曰季氏為無道僭

於公室久矣　諸侯稱吾欲弒之何如　昭公素畏季氏意者

子家駒曰諸侯僭於天子大夫僭

大路　禮天子大路諸侯路車大夫大車士飾車　朱干　朱飾楯也以玉飾　王戚　戚斧也以玉飾

以舞大夏　大夏夏樂也周所以舞樂者與已同者始

以舞大武此皆天子之禮也且夫牛馬維

妻　繫牛曰妻　委己者也　委食己者順從季氏　君無

多辱焉
恐民必不從君命而爲季氏用反逐君故云
爾子家駒上說正法下引時事以諫者欲使

昭公先自正
乃正季氏

昭公不從其言終之弒之而敗焉

走之齊齊侯唁公于野井
弔失國曰唁
弔死國曰

爲季氏
弔喪主曰唁
弔所執紼曰禭
弔喪所執紼曰綧

公曰喪人
亡人自謂

奈何去魯國之社稷執昭
失守魯國之社稷執

再拜顙
顙者猶叩頭也

事以羞
謙自比齊
事言以羞及君

慶
賀慶

子家駒免君於大難矣子家駒
慶子免君於大難

曰臣不佞陷君於大難君不忍加之以鈇
鈇鑕斬之罪

鑕賜之以死
即所錫之以死

子執簞食
簞葦器也
筍食即下所致糗也

國子執壺漿
壺禮器也腹方口圓曰壺
方壺有爵飾

駒申曰脰
反之曰脰方

小三四二九八マ

君聞君在外餒饔未就
餒餽食饔熟肉未就成
也解斥以致糗意

敢致糗于從者
糗糒也謙不敢斥
魯侯故言從者

忘吾先君延及喪人錫之以大禮再拜稽
首以衽受
衽衣下裳當前者
謙不敢求索

猶曰人皆君無所辱大禮
禮臣受君錫高子見昭公

拜辱大甲故曰
君命之辱

君無所辱大禮 昭公蓋祭而不嘗
食必祭者謙不敢示有所

先君不嘗者 待禮讓也
君不嘗者敢便嘗示有所

之敢服 景公曰寡人有不腆先君之服未
腆厚也服謂齊侯所著衣服也言未敢服者見魯
侯乃敢服禮天子朝服

以聽朝玄端以燕皮弁以朝天子以
服夕深衣玄端以燕裎冕以朝天子以祭
其祖禰卿大夫

宋之邑也諸侯卒其封內不地此何以地

有一月己亥宋公佐卒于曲棘曲棘者何

大國所唁地者痛錄公也

明臣子當憂納公也　冬十月戊辰叔孫舍卒十

子曰其禮與其辭延觀矣　言昭公素能若此禍至是主書者喜為

以安革為几以遇禮相見　孔

以人為菑　菑周埒垣也所以分別內外側側字大學辟雍作

而哭無稱　哭聲哀貌感諸大夫皆哭從昭公者既哭

君而無稱　猶曰誰為君者而言無昭公非君乎

乎從者　徵令變之故昭公曰喪人其何稱

有所稱詩齊侯以諸侯遇禮接昭公

自嫌失國不敢以故稱謙辭問之　景公曰臲

敢服有不腆先君之器未之敢用請以饗

君之器木之能以出敢固辭

可以受人之禮　景公曰寡人有不腆先君之服未之

也　以我宗廟之在魯敢用來固以請昭公曰以吾宗廟之在魯

君之器未之能以出敢固辭

先君之服未之敢用來固以請昭公曰以吾宗廟之在魯

辱大禮敢辭　景公曰寡人有不腆

喪人不佞失守魯國之社稷執事以羞敢

器未之敢用敢以請　有不腆先君之

器執器簟壺所上　請行昭公曰

冕服而助君祭朝服其祖禰士爵弁

爵弁玄裳以助公祭玄端以祭其祖禰

宋之盟曰晉殺其佳田不與矣何文出

右一曰子文宋公殺宰牛由棘山棘田何

......十日為晉牛三十日為晉舍金卒十

十日其......畢與其輔犬賜矣

火入窮......火入豐矣畏曰畏......

......哭......晉......哭

而哭......無飢......

......大夫吾哭曾......

......景公曰燒......

......入其......伯......

牛我者......入其......公曰......

　　　　　公牛十　　公曰晏入其何穌百歎

婦耶百不期矣火器未之姬周靜之燧

入畫景公曰賓人市不期未之......

景公器木之謝矣姬此期未之

......曲此以故......朱翰之賓市

......舅......固猶......

......固故......姬周未有......

......固故吾......姬市未曾......

......舅昆未之輝邪市......期未之

大聲......曰賓公曰賓人有百不與

......人下坐未下坐會固......義建

......入之姬瓜姬之情姪......

......朱翰光公曰......

......有木朝光矣公日人

憂內也時宋公聞昭公見逐欲憂納之至曲棘而卒故恩錄之十有二月齊侯取運外取邑不書此何以書爲公取之也爲公取運以居公善其憂內故書不舉伐者以言語從季氏取之月者善錄齊侯

二十有六年春王正月葬宋元公三月公至自齊居于運月者閔公失國居運致者明臣子當憂納公不當使居運後不復月者始錄可知夏公圍成書者惡公失國幸而得運不脩文德以來之復擾其民圍成不從叛書者本與國俱叛故不得復以叛爲重不從定公又以親圍下邑爲譏者昭無臣子入即如定公當致也秋公會齊侯莒子邾婁子杞伯盟于鄟陵不月者時諸侯相與約欲納公故內喜爲大信辭公至自會居于運致會者責臣子明公已得意于諸侯不憂助納之而使居于運九月庚申楚子居卒冬十月

天王入于成周成周者何東周也是時王猛自號爲西周天下因謂成周爲東周其言入何据入者篡辭不嫌也上言天王著有天子已明不嫌爲篡主言入者起其難也不言京師者起正居在成周實外之月者爲天下喜錄王者反正位尹氏召伯毛伯以王子朝奔楚立王子朝獨舉尹氏出奔并舉召伯毛伯者明本在尹氏當先誅渠帥後治其黨猶楚嬰齊

二十有七年春公如齊公至自齊居于運夏四月吳弒其君僚不書闔廬弒其君者爲季子諱明季子不忍父子兄弟自相殺讓國闔廬欲其享之故爲沒其罪也不舉專諸弒者起闔廬當國賊者不得貶無所明又方見爲季子諱本不出賊以除闔廬罪雖可貶猶不舉月者非失衆見弒故不略之楚殺其大夫郤宛秋晉士鞅宋樂祁犂衛北宮喜曹

始來聘晉士燮來聘宋樂芊來聘衞大夫···公孫嬰齊卒

衞侯···不舉···不徹···不由頃以···諸侯···者···自服···喪以外···為···國···

夏四月吳伐其討···公至自齊滕子卒

二十有十年春···公如齊···公至自齊滕子卒

韓厥帥師其···實伐晉···本本不···當未有···采

呂卻甲父···父王卒陳奉甲···立王干障國擧···曰···出卒舉···指···自齊為西···氏也

天王···殺其子問殺···間蓁卹東國也···其···人人···不···少

公羊···十公羊···癸年···壬戌···二十···竇···

八月···申葵···公至自會呂卒···經會者···甲戌···卒六十八月···

庵紂呂卒···表不···外自盟下···諸侯時···不及···卻

夏公圍···本文···財圉···不···都事樹···

二十有六年春王···公···閏···公···圍···之事···王不當···

至自齊呂卒···民···憂不···國呂卒圖···春秋···君不···

鄭雄本卒曰···不書···父···書···公頃之卒

憂內也···都本公···至曲棘卒···夏內姑書不舉也十有二月卒

人郳婁人滕人會于扈冬十月曹伯午卒

郳婁快來奔郳婁之大夫也

郳婁無大夫此何以書以近書也

如齊公至自齊居于鄆

二十有八年春王三月葬曹悼公

如晉次于乾侯

葬鄭定公秋七月癸巳滕子寧卒冬葬滕

悼公

二十有九年春公至自乾侯居于鄆

齊侯使高張來唁公

叔倪卒秋七月冬十月鄆潰

其言潰何

君存焉爾

三十年春王正月公在乾侯

夏六月庚辰晉侯去疾卒秋

八月葬晉頃公冬十有二月吳滅徐徐子

章禹奔楚

三十有一年春王正月公在乾侯季孫隱
如會晉荀櫟于適歷納昭公也時晉侯使荀櫟責季氏不
納昭公公為此會也季氏負
挈謝過欲納昭公創惡季氏不敢入公出奔在外無所
君命所以書會而殊外言索者從王魯錄諱亞取邑卒大
夫者盈
夏四月丁巳薛伯穀卒後定寅晉侯使荀櫟唁公于乾侯秋葬薛
始卒便名日書葬者薛比滕最小迫
孫文者薛始卒卒者薛比滕最小迫
獻公冬黑弓以濫來奔文何以無邾婁據庶其
言邾婁妻顏公之弟
首邾婁妻顏公之弟
者子孫宜有地也賢者孰謂謂叔術也叔
術不書叔術讓國也
言邾婁通濫也使無所繫賢
妻通濫為國故其
獻公冬黑弓以濫來奔文何以無邾婁曷為通濫
其讓國奈何當邾婁妻顏之時時也
顏公
何賢乎叔術讓國也
何賢乎叔術
有為魯夫人者則未知其為武公與懿公
與孝公幼不知孝公者邾婁妻女
外孫邾將妻子邪顏淫九公子于宮
中子凡九人因以納賊則未知其為魯公子
所與淫公
與邾婁妻公子與臧氏之母養公者也君幼
則宜有養者大夫之妾士之妻則未知禮
臧氏之母者曷為者也養公者必以其子
入養以身死公則可以其子易公非事夫之賊
因以娛公也義然而於王法當賞以活公為重也
公抱公以逃不知欲弒孝不知其國也
至湊公寢而弒之弒臧氏子也不知其國也臣有
鮑廣父與梁買子者聞有賊趨而至臧氏

之母曰公不死也在是吾以吾子易公矣於

是負孝公之周訴天子天子為之誅顏而

立叔術反孝公于魯顏夫人者嫗盈女也

國色也其言曰有能為我殺顏者吾為〔殺顏者飽廣父梁買子也嫗為顏公夫人時肝幼而〕

其妻人以貞一為行六爾非也

顏者而以為妻〔色利其也其〕

者其所為有於顏者也〔所為顏公生〕

之有珍怪之食〔珍怪猶商異也〕

皆愛之女皆愛肝〔叔術嫗盈父〕

食必坐二子於其側而食〔肝幼而〕

之有子焉謂之肝夏父

曰以來〔來置我前 猶曰以彼物人未足 自謂肝也〕

肝必先取足焉夏父〔言〕

肝有餘

叔術覺焉〔覺悟也知小爭必食長必爭國易曰君子見幾而作不俟終日幾者動之微者事之先見〕

所得常多

曰嘗此誠爾國也夫起而致國于

夏父夏父受而中分之叔術

之叔術曰不可四分

之然後受之其一〔五分受〕

公扈子者邾婁之父兄〔當夫子作春秋時於邾婁君為父兄之行平公扈者氏也〕

昌平邾婁妻之故〔故事〕

誅顏之時天子死〔天子在爾故天子死則讓道有誅顏本欲讓道有〕

所以言曰其二言曰惡有言人之國賢若此者平〔言叔術賢〕

也叔術起而致國于夏父〔言此也〕

猶何有寧有反妻嫂殺殺顏者吾為〔當此之類也〕

寧有反妻嫂殺顏者

無妻嫂感見 當此之時邾婁妻人常被兵于周

爭食之事

妹術峽師姪園干夏父兄十固

妹術曰不可四食公父又不可三瓜

夏父夏父受雨中食父姊姊曰不正瓜

曰嘉山爐兩園岳夫姑姪園干

曰又辭社人食夏父

又

其鬼

恩者

其真

回

本

其藐見公不

曰何故死吾天子

猶曰何故畜吾天子遠生時命

也夫子本所以如上傳立賢者而立夏父乎此天子死則諱之效也重者論之春秋入是也案叔術妻嫂難有過惡絕身無死刑當以殺顏首爲重宋繆公以反國與夷際殺君之罪死乃如生讓之大也馬殺與夷不輕于殺顏者比其罪不足而有餘故得爲賢傳復記公邑子言者欲明夫子本以上傳通之故公邑子有是言

則文何以無邾婁妻

據國未有天子死則諱之效也

以溫來奔何

叔術者賢大夫也絕之則爲通溫

弓來奔而反與大夫溫黑據國春秋新通之也春秋未有溫則其言天下未有溫也據上說天下實未有溫者言春秋新通口繫于邾妻溫之也此解叔術賢大夫溫黑弓來奔則爲叔術賢大夫意叔術賢者不言自絕不欲溫黑弓之也春秋無以起新通之文不可繫也亦不可設也如口不繫

叔術不欲絕則世大夫也絕之則爲

也如不口繫邾妻文言溫黑弓來奔則嫌氏邑起本邾妻文言溫黑弓來奔則嫌氏邑起本邾婁世大夫春秋口繫通之文亦不可嫌于國又觸沃

推猶因也就大夫溫黑溫之則大夫不溫

大夫之義不

得世故於是推而通之也是後昭公死外管大夫

辛亥朔日有食之

專執楚犯中國圍蔡也

三十有二年春王正月公在乾侯取闞闖者

夏吳伐越秋七月冬仲孫何忌會晉

何邾婁妻之邑也曷爲不繫乎邾婁妻譚亞也

韓不信齊人高張宋仲幾徐世叔申鄭國參

曹人莒人邾婁妻人薛人杞人小邾婁妻人城

成周

書者起時善其脩職之意也孔子曰謹權量審法度脩廢官四方之政行焉成周者起

十有二月己未公薨于乾侯

春秋公羊傳第十

經四千九百一十二字

注六千七百二十五十七字

公羊十

戰二十九

何休學

元年春王定何以無正月　書正月者據莊公雖不書即位猶書正月

正即位也　諸侯有正月者即位於正月

定無正月者即位後　定無正月者即位後昭公出奔在外昭公喪

得入不得入未可知也昌為未可知　元年據己稱

人習其讀而問其傳　讀謂經傳訓詁主人謂當定哀多主人者能為主人皆謂當定哀多

微辭　公羊微辭即今下偹所言昭公喪在國當絶定公有王故即位在正昭公喪

在季氏也　昭公喪之定之知不迎而事之知定公喪亦不得即位故即位為定哀多

書正月　據王月即位在正

微辭　公羊微辭即微辭公羊微辭

得入不得入未可知也昌為未可知　此假設而言之定哀之間其言之有若身慎之至也於三

人習其讀而問其傳　公言主人謂當定哀也

為微辭非則未知己之有無非焉爾　此假設而言之定哀也陳爽

設使定哀讀之開其傳辭隆能於　于京言

月晉人執宋仲幾于京師仲幾之罪何　據言于京師

辭知有伯討　不葉城也治城亭也宋仲幾不治所主子各有分文

其言于京師何　同執城不地

為微辭獨定公　為伯討故師明以京師之得伯討之義于

伯討則其稱人何　名氏諸稱人也

未侯解伯嫌執不稱人也復發此難者侯同例　不與大夫專執也昌為不與

天子事執之地以京師明　伯討故師明以京師之得伯討之義

貶人以他罪與　是也

据伯實與　師言是也伯言于京師是也大夫不得專相不

討据伯　實與　師言是也

貶不與大夫之義不得專執也　据大夫不得專執諸侯也不

言歸者諸侯當決於天子犯之惡甚故錄所歸大夫當決次壬獄

爾妃之罪從外小惡不復別也無例不在常書又月者善為天事

齊不專中云之晉竟死于乾侯不見容死于乾侯者非公事

子孰之

夏六月癸亥公之喪至自乾侯至自乾侯者非公事

戊辰公即位癸亥公之喪

不齊不專中云之晉竟戊辰公即位象既正棺

至自乾侯則葛為以戊辰之日然後即位

正棺於兩楹之間然後即位

斂夷於堂死於外不可得以君臣禮始死於北牖下浴於中霤飯含於牖下小斂於戶內

夷於兩楹之閒以遠也斂於阼階殯於客階諸侯五日

成服故戌辰殯諸侯三日而斂大夫二日授士杖三日大斂諸侯三月大夫諸侯三

日小斂五日大斂七日大斂諸侯五月授大夫杖五日授士杖七

日授士杖不能病子婦人也

不杖不能病故子婦人也

子沈子曰定君乎國喪定禮於國

然後即位不日此何以日皆不據即位日錄乎

者何立者不宜立一也立煬宮之宮也

者何以書記異也異大乎災也此災煬宮也煬

煬宮煬宮者何無煬公之宮也春秋前立

癸巳葬我君昭公九月大雩而不得以秋七月

内已諭年正月即位故日立秋七月

大酉五五 大酉世六

公羊十一 陳嗇

冬十月隕霜殺菽

優問立也不日者所見若此武宮惡飲故不日嫌得禮故

深使若此武宮惡飲故不日

何以書記異也隕霜不殺他物被殺菽也曰

為以異書據無災之前異大乎災也戒也重異不重災異者所以為人

災君子所以貴教此而賤刑罰周十月夏八月微霜用事是時定公喜於得位

未可殺菽者少類為採強季氏家也

而不煬宮故天黜逐之恥以當昌立而煬宮故天黜逐之恥以當昌誅季氏

二年春王正月夏五月壬辰雉門及兩觀

卧小寐千齋閏夏千吾剡叟氍
曹曰晉曰未晝千施千陪千韓阝阝
滛千晉莿禾公蔡夷謫夷殯卻信曰
四甲春王二曰祭曰朝莿吳卒三曰公會
千莅對阝阝祁猎晛師公車
妹藥陳晨公冬中褚阝日及泰晨千盟
阝阝輔終不昜卷三曰卒不林車千窆卒夏四曰
三年春王五曰公至自晉曰不廋
公室晨殯謠阝晨不祥千
不害雎阝阝及書
替霅阝阝都大曲阝阝不害千
嘗阝曰書阝阝祁阝阝書
民鮮阝鄩門及西鹽千阝阝阝
災曲何阝阝書
大曲何阝阝書
災曲阝阝之言阝阝
主災者西鹽曲何阝阝
俱昜為不言災阝阝
聞其文閏災阝阝西鹽鹽曲
我其三郞門又西鹽災曲何

滅沈以沈子嘉歸殺之

諸侯盟于浩油

夏四月庚辰蔡公孫歸姓帥師

故善之故拘蔡不書者從其執例

盛故善其行義兵也拘不書者惡蔡侯與最

一裹之故拘蔡昭公數年然後歸之諸侯之會同最

滅沈以沈子嘉歸殺之

死位也日者定公承匡之後定公承定公戒之也以歸殺之者為
有彊埸之讎故言公者昭公數年如晉不見荅卒卒為
故善錄之後楚蔡復滅則危懼故定公戒之也
翕然俱有疾楚與定公即位得與諸侯盟

卒于會盟同日與諸侯同日盟

秋七月公至自會卒月者重錄熙劉卷卒劉卷

六月葬陳惠公許遷于容城季氏所逐定公昭公即位為
不日者為下劉卷月者重錄熙劉卷卒劉卷

者何天子之大夫也外太夫不卒此何以
卒我主之也外太夫不卒此何以卒我主之張義也卒者明主之

公楚人圍蔡蔡復歸蕣歸有言復歸之故賊明罪重於圍

晉士鞅衛孔圉帥師伐鮮虞葬劉文公

大夫不書葬此何以書錄我主也恩錄之故云

葬杞悼

冬十有一月庚午

蔡侯以吳子及楚人戰于伯莒楚師敗績

吳何以稱子据滅徐夷狄也何以伍子胥父誅

蔡侯以吳子及楚人戰于中國奈何伍子胥父誅

平楚挾弓而去楚諸侯挾弓者懷搭意也禮天子雕弓以

公羊十一
一四
竹

干閭廬

勇之甚將爲之興師而復讎 因閭廬以復讎 閭廬曰士之甚賢士之

胥復曰諸侯不爲匹夫興師而復讎 以匹夫興師討讎者 侯則不免於亂 必須因事者私而 可得因公訟私而

君之義復父之讎 且臣聞之事君猶事父也譬

公朝乎楚有美裘焉囊瓦求之昭

歸焉用事乎河伐楚因蔡河 時比如晉請 伐楚因蔡河

有能伐楚者寡人請爲之前列楚人聞之

怒有此言而怒 爲是興師使囊瓦將而伐蔡

蔡請救于吳伍子胥復曰蔡非有罪楚

人爲無道君 有憂中國之心則若時可

矣 於是興師而救蔡

公羊十一　**五**　王全

甚

不待禮見曰干　因閭廬以復讎

拘昭公於南郢數年然後歸之於其
爲是拘昭公於南郢數年然後歸之於其
昭公不與
曩昭公於止蔡昭
君之事君猶事父也虧
侯猶事父也苟
日天下諸侯苟

君之義復父之讎臣不爲也於是止蔡昭
囊瓦不爲也於是止蔡昭
列楚人聞之
前列楚人請爲之前

於是興師而救蔡子胥俱
矣猶曰若是其可楚與師意
者於經得爲善者以吳義得爲之也
也雖不舉子胥爲非懷惡而討不義
者羣君爲重子胥爲非懷惡而討不義
父以事君毋所報讎曰天地之大德曰生雖
重於君者也
子復讎推刃之道也
子復讎推刃之道也 子復讎非當復討其讎

曰父不受誅子復讎可也 火繼可資以無罪

曰事君猶事父也此其爲可以復讎奈何

曰父不受誅不受誅不當誅也 孝繼可資以無

事君而敬同本取事父之敬以事君而無罪
侯之君與王者異於義得去君已絶故可也
父以事君毋所報讎曰天地之大德曰生雖

不除害 時子胥因吳之衆盡平王之墓燒其宗廟而救之已

昭王雖可得殺不除去

大夫君臣言朋友者闔廬本以朋友之道為子胥復讎孔子曰
益者三友損者三友直友諒友多聞益矣友便辟友善柔友
便佞詢出衰斬猶先也不當先擯矣

朋友相衛

同門曰朋同志曰友相衛不使為讎時子胥口仕於吳為

而不相迿

伺出相擊剌所以伸孝子之恩古之道也

楚囊瓦出奔鄭庚辰吳入楚

反夷狄也其反夷狄奈何君
舍于君室大夫舍于大夫室蓋妻楚王之
母也　舍其室因其婦人為
妻其日者惡其以師失

五年春王正月辛亥朔日有食之

是後臣恣習其魯失義

夏歸粟于蔡蔡新被邊楚之急

國寶宋五大夫叛　據齊人來歸衛寶於越者

為不言諸侯歸之諸侯歸之曷
為不言諸侯歸之據齊人來離至不可得而
離至不可得而

越者何越者能以其名通也
名通也越人自名於越君
子名之曰越治國無狀不能與
中國通者以其俗辭言之四夷
有狀能與中國通者以其別與
越異也於越新吳爾赤狄以

越者何越者能以其名通也
子越治國無狀不能與中國通

序故言我也故歸之之辭

宰秋七月壬子叔孫不敢卒冬晉士鞅帥
申季孫隱如卒仲遂以憝起弒君者
憂中國士卒罷病而入之疾罪重故謂之於越
赤進者徙於北方挈其名別與越異也於越新吳爾赤狄以
有狀能與中國通者以其俗辭言之四
中國通者以中國之辭言之曰越治國
名通也越者何越者能以其名通也

師圍鮮虞

六年春王正月癸亥鄭游遫帥師滅許以
許男斯歸二月公侵鄭

月者內有疆臣之讎不能討而外結怨故危之公

至自侵鄭。夏，季孫斯、仲孫何忌如晉。秋，晉人執宋行人樂祁犂。冬，城中城。季孫斯、仲孫忌帥師圍運。此仲孫何忌也，曷爲謂之仲孫忌？譏二名，非禮也。譏所以長臣子之敬，不逼下也。為其難諱也，為名令難易。見王者治定無所復爲譏，唯有二名，故譏之，此春秋之制也。

七年，春，王正月。夏，四月。秋，齊侯、鄭伯盟于鹹。齊人執衛行人北宮結以侵衛。齊侯、衛侯盟于沙澤。大雩。齊國夏帥師伐我西鄙。九月，大雩。先是公侵鄭，城中城，季孫斯、仲孫忌如晉圍運，費重不恤民之。承前費重，不恤民又重之以齊師伐我自救之役。冬，十月。

八年，春，王正月，公侵齊。公至自侵齊。二月，公侵齊。三月，公至自侵齊。出入月者，內有彊臣之讎，外犯彊齊，再出尤危。於侵鄭故知入，亦當蒙上月。曹伯露卒。夏，齊國夏帥師伐我西鄙。公會晉師于瓦。公至自瓦。此晉趙鞅之師也，曷爲但言晉師者？君不會大夫之辭也。不別得意，雖得意不致，此致者，諱公爲大夫所會，故使若得意者。秋，七月。晉趙鞅帥師侵鄭，遂侵衛。葬曹靖公。九月，葬陳懷公。季孫斯、仲孫何忌帥師侵衛。冬，衛侯、鄭伯盟于曲濮。從祀先公。從祀者何？順祀也。復文公逆祀。文公逆祀，去者三人。諫不從而去之。定公順祀，叛者五人。去曰叛，去與。

昔二人偕不辭讓者昔者二人偕不辭讓
公讓於其所尊也公讓於其所尊也
忌諱而聽於謝於盟于曲沃新城
蔡昭吳公八月晉殺其大夫荀息
九年春王正月晉殺其世子申生
公會晉侯齊侯盟于葵丘新城
西鄙公會齊侯宋公陳侯衛侯
公會晉侯齊侯葵丘之會桓公震而
矜之叛者九國葵丘之會桓公震而
天子春王正月公曹伯盟于曲沃
冬十月

朝於殊外而後朝於魯也
朝於殊外自繇公朝於魯也

西鄙曰帕帕外來西鄙八月大雩
對盟于曲沃大雩者何旱祭也
雩者入邦齊人入之何以書記災
十有春王正月夏四月烝祭謝諱
公會齊侯盟于

葵丘帕帕外來西鄙八月大雩
對盟于曲沃大雩者何旱祭也
雩者入邦齊人入之宮者謝諱
牛螽忌諱曰二名非禮也
蔡昭帕帕國重五帕帕同盟於曲沃
入峰來介入藥雜幸參海中海在
至自敦魯夏來彼滅中其後忌及晉林音

玉大弓盜者軌謂　謂陽虎也易

虎者曷為者也季氏之宰也　謂陽虎也易盜竊寶

之宰則微者也惡乎得國寶而竊之陽虎　季氏之陪臣為政者

專季氏季氏專魯國陽虎拘季孫　季氏逐昭公之後取

其寶玉藏於其家陽虎拘季孫奪其
寶玉季孫取玉不書者與逐君為重　孟氏與叔孫氏

乎曰若時而出臨南者陽虎之出也御之　日某月某

日將殺我于蒲圃力能救我則於是　時於是至

迭而食之戚而錄其板　以爪刻其板

孫為季御　於其乘焉為季孫謂臨南曰以季氏之

世世有子　言我季氏累世　于可以不免我死乎　永
以義責之臨南曰有力不足臣何敢不勉陽越者
言女以為臣　公羊十一　一八

陽虎之從弟也為右實與之　諸陽之從者

車數十乘至于孟衢　臨南投策　臨南投策

而墜之　策馬也見二家兵故詐投策欲使下車陽越

下取策臨南騑馬　街走而由乎孟氏陽虎從

而射之矢著于莊門　莊門孟氏所入門名言幾言門閉故著門

而甲起於琴如　甲公欽廬公如出出於是時起兵故於是時起兵　殺不

成却反舍于郊皆說然息　說解舍如　或曰弒千

乘之主　至時於千乘邑而不克舍此可乎　嫌其近而無所依而

陽虎曰，夫孺子得國而已。何如諱，余必死。朓而曰：彼哉彼哉。哉呼呼言之四也。至

者何？璋判白。璋以弓繡賓。徵召。

寶玉大弓何以書？國寶也。喪之書，得之書。

九年，春王正月。夏四月戊申，鄭伯嘗卒。得。

次而，秦伯卒。冬，葬秦哀公。

鄭獻公。秋，齊侯、衛侯次于五氏。

十年，春王三月，及齊平。

公會齊侯于頰谷，公至自頰谷。

晉趙鞅帥師圍衛。

龜陰田，齊人曷為來歸運讙、龜陰田？

故從致教得地。

公羊十一

九

李果

孔子行乎季孫三月不違

達過是遣之也此不言政乎定公者政在季氏之家行乎定公者政在季氏之家歸謂晏子曰寡人獲過於魯侯請之何晏子曰君子謝過以質小人謟過以文齊侯曾侵魯四邑請皆還濟西田不言以來此其言來者曷為不言以來時不應復得故從常文與齊人雖欲不受定公貪而受之此不書曷為不書諱亦見矣來歸衛質同夫子雖欲不受定公貪

齊人為是來歸之

孫州仇仲孫何忌帥師圍郈秋叔孫州仇

仲孫何忌帥師圍費宋樂世心出奔曹宋

公子池出奔陳冬齊侯衛侯鄭游遨會于

竃叔孫州仇如齊宋公之弟辰暨宋仲佗

石彄出奔陳

言暨者明仲佗強與俱出也三大夫出不月者舉國危亦見矣

十有一年春宋公之弟辰及仲佗石彄公

子池自陳入于蕭以叛巳不復言宋仲佗言及者俊汲汲

十有二年春薛伯定卒不日月者子無道當廢之而以為後未至二年

冬及鄭平叔還如鄭莅盟
臣可知叛逆

當坐夏四月秋宋樂世心自曹入于蕭
重坐者從叛

十有二年春薛伯定卒

師墮郈衛公孟彄帥師伐曹季孫斯仲孫

何忌帥師墮費

孔子行乎季孫三月不違曰家不藏甲

邑無百雉之城於是帥師墮郈帥師墮費

宋三月辛巳楚公子結陳公子佗人帥師
滅頓以頓子牂歸　不別以歸俘國者明楚陳以滅頓　頓人為重頓子以不死位為重
衛北宮結來奔五月　於越敗吳于醉李　夏
會秋齊侯宋公會于洮　吳子光卒公會齊侯衛侯于堅公至自
朕石尚者何天子之士也　為下　吳子光卒公會齊侯衛侯于堅公至自
姐實也　衛世子蒯聵出奔宋　禮諸侯朝天子助祭於宗廟然後受朝見者　天子上士以天子命而通朕者何
姐實也　腥曰脤熟曰燔　衛公孟彄出奔鄭宋公之弟辰自蕭
來奔大蒐于比蒲　護曰邾妻子來會公　蒐實時魯不師祭而歸之故書以譏之

十有五年春王正月邾妻子來朝鼷鼠食
郊牛牛死改卜小牛鼷為不言其所食　據食角漫
十有五年春王正月邾妻子來朝鼷鼠食

楚子滅胡以胡子豹歸夏五月辛亥郊曷
為以夏五月郊　二月辛丑　三卜之運

公羊

十一

十三

也運轉也巳卜春三正不吉復轉卜夏三月周五月得二吉故

者從可知五月郊也易曰再三瀆瀆則不告不得其事雖吉猶不當為

壬申公薨于高寢鄭軒達帥師伐

宋齊侯衛侯次于遼籧邾婁子來奔喪其

言來奔喪何 合且閒不言爽

奔喪非禮也 奔喪

者明言來者常文不為爽是後衛剌德犯父命益段

侯薨有服者奔喪妻與魯無服故以非禮書禮

之蔡侯申齊陳乞弒其君舍

有死壓死溺死

死不弔者三兵

哀公之母也 姒氏杞女哀公者即定公之妾子

秋七月壬申姒氏卒姒氏者何

何以不稱夫人 據母以子貴

哀未踰年君也不稱公 子貴

巳葬我君定公雨不克葬戊午日下具乃

八月庚辰朔日有食

九月滕子來會葬丁

辛巳葬定姒定姒何以書

未踰年之君也 踰年君之禮稱諡者方當 並有喪

葬據不稱小君是也 下具蓋晴時

克葬具日西也易日日中則

葬 子般不書葬 未踰年之君也

子則廟廟則書葬

則如之何何先何後也先乎重而後輕禮也

後重其奠也其震也先重而後輕禮也

春秋公羊卷第十一 冬城漆

注 四千二百八十七字　經 二千四百六十二字

何休學

元年春王正月公即位楚子陳侯隨侯許男圍蔡〔隨微國稱侯者本爵俱侵土地見侵削故微見者自復位前許男斯見滅以歸今戍復無惡文者從滅以歸可知〕

〔鼷鼠食郊牛敬故攺災不攺〕卜牛夏四月辛巳郊秋齊侯衛侯伐晉冬仲孫何忌帥師伐邾婁〔邾婁新來奔喪伐之不諱者期外恩殺〕

忌帥師伐邾婁取漷東田及沂西田〔漷沂皆水名邾〕

二年春王二月季孫斯叔孫州仇仲孫何〔惡輕明當與根牟有差〕

公羊十三〔公州三天 二四十一下 癸卄重刋 吳申 一〕

癸巳叔孫州仇仲孫何忌及〔夏四月丙〕邾婁子盟于句繹〔所以再出大夫名民者季孫斯不與盟〕

妻子來奔喪取其地〔不諱者義與上同〕

子衛侯元卒滕子來朝晉趙鞅帥師納衛世子蒯聵于戚戚者何衛之邑也曷爲不〔据弗克納未入國文言納于邾婁納〕

言入于衛〔者入辭故傳言納不言入于衛〕

子子不得有父也〔明父得有子而廢之子不得有父也不去國見嫌者不可醇無國文輒出奔〕

世子蒯聵于戚戚者何衛之邑也曷爲不〔聚斂齎者下曼姑圍戚無惡文姑可爲輒誅其父故明〕

及鄭軒達帥師戰于栗鄭師敗績冬十月〔主書者與頓子同〕

秋八月甲戌晉趙鞅帥師

葬衛靈公十有一月蔡遷于州來〔畏楚也州來吳所滅〕

蔡氏災蔬氏者同伊蔡不言蔬不言蔡子圍弑其
京師黨也普師黨普師黨當入於西狩之日辛丑
者首翻于蔡言昔者翻于蔡者首翻于蔡言西狩之日辛丑
言晉人韓起同蔡共翻于蔡者言共其言同晉人
福也晉人賴其言翻其言同晉人言翻其言翻于

蔡氏出也蔡氏出翻曹翻者言翻其言晉人晉氏京
晉不言晉翻翻者言晉言言晉言翻言翻晉言翻言翻
蔡氏出蔡吳蔡曹之京人時小翻翻入時
蔡翻其大夫公翻翻翻翻翻晉人時翻
嫁翻翻晉翻晉入翻其翻翻翻翻

公羊十二
Ｋ３
翻晉也入晉翻翻翻翻翻罷人也
者翻翻入此其翻翻翻晉翻其翻翻
四年春王三日東人盆店蔡翻申中辞吾翻
此中翻何思翻福國翻翻

十民癸師秦郎立翻晉翻晉翻翻其翻翻
嫁其大夫公盆翻十一吳翻大夫翻翻
漢晉翻好曹翻十月三日七年新祺卒翻文

宜下奉翻翻翻翻此叔閒恩來樂
災不縣翻翻翻高翻翻翻言災也
翻翻翻翻翻翻翻翻翻翻翻同又不言及

蒲社者先世之
亡國在魯竟
亡國之社蓋揜之揜其上而柴其下 社者封也 封土非封土 社其言災何 火所能得 焼之揜故

柴之者絕 不得使通天 地四方以為有國者戒也 蒲社災何以書記災也

戒社者先王所以教諸侯 昔天子是後宋事 疆吳齊晉前聽滕薛侯辭俠毂魯衛驂乗故諸 王教滅絕云爾

天去戒社若曰後世 二月葬蔡昭公 賊巳討故書葬諸侯得葬也不書討賊士以下也 葬滕

頃公 秋八月甲寅滕子結卒 冬十有

五年春城比夏齊侯伐宋晉趙鞅帥師伐

衛秋九月癸酉齊侯處曰卒冬叔還如齊 據楚子昭卒不書閏

閏月葬齊景公閏不書此何以書 何以書

公羊十二 四 二三二六村 / 二十七五村

喪以閏數也 謂喪服十一功以下為數 喪曷為以閏數 功以下喪當以閏月為數也 喪數略也

六年春城邾婁 城若邾婁邑取之非取魯而侮奪之

晉卒不 喪數略也 不知足有夷狄之行欲譎之明惡甚晉趙鞅帥師伐鮮虞吳伐陳

夏齊國夏及高張來奔叔還會吳于柤

秋七月庚寅楚子軫卒齊陽生入于齊

齊陳乞弒其君舍而立者不以當國之 據齊公子商人弒其

辭言之此其以當國之辭言之何 君舍公子

謂陳乞曰吾欲立舍何如陳乞曰所樂乎

曹剌於曰哈超在舍宣叩晚剌於曰洛樂半

為君者欲立之則立之不欲立則不立貴自也專

君如欲立之則臣請立之陳乞欲立言不可恐景公殺陽生

生謂陳乞曰吾聞子蓋將不欲立我也陳

乞曰夫千乘之主將廢正而立不正必殺陽

正者晉世子申生是也

矣 教陽生走與之王節而走吾不立子者所以生子者也走 節信也析玉與陽生留其半為後當迎之合以為信

書者末命為嗣 景公死而舍立陳乞使人迎陽

生于諸其家齊人語也 防稱矯也奔不書者未命為嗣

諸大夫皆在朝陳乞曰常之母常陳乞子重難言其妻故云爾有魚菽之祭齊俗婦人首祭事言魚願諸大夫之豆者示薄陋無所有

化我也 餘福共宴飲諸大夫皆曰諾之言欲以薄陋

陳乞之家坐陳乞曰吾有所為甲請以示諸於是皆之

焉諸大夫皆曰諾於是使力士舉巨囊而

至于中霤 巨囊大囊中央曰中霤 諸大夫見之皆色然而

駭然驚 色然驚貌開之則閽然頭貌出公子陽生也陳

乞曰此君也已諸大夫不得已皆逡巡北

面再拜稽首而君之爾 時舍未能得眾而陽生本正當立諸大夫又見力士

知陳乞有備故自是往弒舍陽生先詐致諸大夫立於不得已遂君之陳乞家然後往弒舍故先

書當國起其事也乞為陽生生弒舍者護成于乞也不曰者與卓子同

帥師伐邾婁宋向巢帥師伐曹 冬仲孫何忌

公羊十二 癸丑重刊 五 陳浩

七年春宋皇瑗帥師侵鄭晉魏曼多帥師侵衛夏公會吳于鄫秋公伐邾八月己酉入邾妻以邾婁子益來

入不言伐此其言伐何内辭也若使他人然

据當舉重而兩書使若魯公弑而他人入之以為重故不舉順他人之來者也

惡諱魯侮奪邾婁妻無已者諸侯

曷為不言邾婁子益之獲内大惡諱也

据獲晉侯言獲後入獲之以不致故者得意可知

據以隱子絕昌不名

言其獲

名

八年春王正月宋公入曹以曹伯陽歸

曹伯陽何以名絕曷為絕之滅也曷為不言其滅諱同姓之滅也何諱乎同姓之滅力能救之而不救也

據以隱子絕昌歸不名

宋人圍曹冬鄭駟弘帥師救曹

四据俱滅也

伯陽何以名据以隱子絕昌歸不名

吳伐我

起之故公以起之也

夏齊人取讙及僤

外取邑不書此何以書所以賂齊也曷為以賂齊為以邾婁子益來也

言圍者據使若伐而去

據上無戰

歸邾婁子益于邾婁

歸邾婁子益來也

邾婁與齊俱惡國恩惡之而言歸書者善邾婁子益能悔過歸之嫌邾婁

秋七月

冬十有二月癸亥杞伯過卒

書者善能悔過歸邾婁妻子益故不言來

齊人歸讙及僤

卒齊人歸讙及僤所以喪之邑不言來不言名故不言來

使昔不從齊來與歸我濟西田同文與

〔公羊十一〕

〔六〕

九年春王三月葬杞僖公宋皇瑗帥師取
鄭師于雍立其言取之何易也其易
奈何詐之也

太丁进二　小二开文

公子結帥師伐陳吳救陳
衛薛伯寅卒
至自伐齊葬齊悼公衛公孟彄自齊歸于
卒夏宋人伐鄭晉趙鞅帥師侵齊五月公
公會吳代齊

十有一年春齊國書帥師伐我夏陳轅頗
出奔鄭五月公會吳伐齊甲戌齊國書帥
師及吳戰于艾陵齊師敗績獲齊國書
秋七

十有二年春用田賦
衛世叔齊出奔宋
月辛酉滕子虞母卒冬十有二月葬滕隱公

十年春王三月邾婁子益來奔
夏楚人伐陳秋宋公伐鄭冬十月

夏五月甲辰孟子卒孟子者

譏爾譏始用田賦也

田賦何以書
譏何譏爾譏始用田賦也

頁志民甲辰辛巳辛巳辛亥

本二年春用田頰向公書

謙世妹齊出本來

頁辛酉頰巳寅甲辛參十本一民義頰

十本一年本澤圖書帖外來頁靫崇頫

公午詥帕福外東吳娍靫

謙甫由寅辛卒

至自外齊龍帕戟蟬帕

卒頁來入外頃吾崇帕

十辛春王二民張基午益來齊

頁義入外靫崇宋公外頃崇十民

民齊

十辛春王二民棗崎當公宋尋遽

奈向信文崇

頰柏午棗立其言郡公向

卒辛春王二日棗崎當公宋尋遽

何据魯大夫

昭公之夫人也其稱孟子何稱夫人其
諱娶同姓蓋吳女也何稱

氏

人其諱娶同姓蓋吳女也其姓則同宗共
祖亂人倫與禽獸無別昭公既娶諱而謂之為同姓
不繫吳者諱娶婦人繫姓不繫國雖孟子為同
夫人不言氏者禮不諱猶不稱
能埋自是之後天下大亂莫能相禁宋國以亡齊并於陳氏晉

書葬者深諱之

公會吳于橐皋秋公會衛侯

宋皇瑗于運宋向巢帥師伐鄭冬十有二

月蝝何以書記異也何異爾不時也

十有三年春鄭軒達帥師取宋師于嵒其

言取之何易也其易奈何詐及也

小駁十二

行詐取之苟相報償不以君子詐反猶報也
正道故傳言詐反反猶報也
公羊十二

略平葬

公會晉侯及吳子于黃池吳何以稱子

夏許男戌卒

据救陳

稱吳主會也以言及也君子曷為大之以

月八八

前宋行詐取
鄭師今鄭復

黃珍

公會晉侯及吳子于黃池吳何以稱子
勝大會中國齊晉前驅魯衛驂乘滕薛
俠轂而趨以諸夏之衆冠帶之國反背天子而事夷狄甚
可忍言故深為諱辭使若吳大以禮義會天下諸侯以尊事天
子故進吳主會則曷為先言晉侯

稱子

其言及吳子何

与夷狄之主中國也

两伯之辭也

不與夷狄之主中國則曷為以會两伯之

据申之會序上吳子主會晉侯在下

侯爾不行禮義故亭晉於上
明其實自以夷狄之彊會諸
子主會序上

晉之文也方不與夷狄之主中國而又事也語在下

主之文此吳及晉主會益明矣

据鍾離之會殊會齊侯會夷狄主會者亦及

当見不可酹奪故張两伯辭先起以奪見其事也
為伯吳亦主會為伯半杯半起以奪見其事也

辭言之主人重吳也 其實重在吳故言重而不盈

吳殊吳常在是則天下諸侯莫敢不至也 不至也 舉其重故言及曷為重

大國尚德沒沒於吳則知諸侯莫敢不至也不書諸侯若為
微辭使去爭天下之嘉會而魯侯蒙俗使會之於恶愈愈之恶

遠明逆此但舉大者此非尊天子故不得襄者非中國之正夷狄也

陳於越入吳秋公至自會 有恥致者順辭文也 蔡公子中師師伐

師侵衛此晉魏曼多也曷為謂之晉魏多 晉魏多帥

據上七年議二名二名非禮也 復見晉魏明年先正就晉而後正人正也

人以當先正 葬許元公九圮蠓 先是用田賦又會吳之費冬十有

大以帥小 許元公九圮蠓 會吳之費冬十有

一月有星孛于東方孛于東方者何孛星也其言于東方何見于旦也

于東方何見于旦也 言星名 旦者日方出時宿不復何

十有四年春西狩獲麟 何以書記異也何

有二月螽 重頌之所致

諸侯相襲寫道絕 盜殺陳夏弧夫十

以書記異也 周十一月夏九月火正布政之庭於此旦見與日爭明此諸侯代王
治典法滅絕之象是後周室遂微 子也爲心憂心天子明堂

異爾非中國之獸也然則孰狩之稱西言狩獵之卑辭

薪采者也 西者据狩言方地類猶言方狩于郎是也河陽冬言狩獵之正而行夏之時

薪采者則微者也曷為以狩言之

子諸侯乃言狩于河陽公狩于郎若著狩言乃微用之曷為大之

大之也 子諸侯使若天王狩于河陽是正也

也曷為爲獲麟大之也 据鴝鵒俱非中國之會無加文麟者仁

獸也所以爲仁也詩云麟之角振振公族是也有王者

麒麟

則至無王者則不至
上有聖帝明王天下太平然後乃至尚書曰簫韶九成鳳皇來儀擊石拊石百獸率舞詩云德明大平則鳳皇至故爲異有以

告者曰有麕而角者孔子曰孰爲來哉孰爲來哉
見時無聖帝明王爲誰來哉怪爲其來非其時也案麟者木精薪采者庶人燃火之意也故麟爲薪采者所獲木者東方之精薪采者西狩獲之言獲者取之於小人將亡之象孔子知其將有六國爭疆彊從橫暴亂之害故云爾此赤帝將代周居其位故言西狩獲之言獲者兵寇也

劉氏乃帝深閔民之離害甚久故豫泣也相滅之敗秦項驅除積骨流血之虐然後

反袂拭面涕沾袍
袍衣前襟也夫子素案圖錄知庶聖劉季當代周見薪采者獲麟知爲其出所故爲其出涕者不精也

顏淵死子
姓顏名回魯人夫子弟子新死蹱躗新之象夫子知其將有六國爭疆彊從橫漢

曰噫嘻天喪予子路死子曰噫天祝予
嘻嘻痛貌噫恨聲也天喪予者斷也天生顏子路爲夫子之輔佐也皆死者天將亡夫子之證也

公羊十二
二十一

斷也天生顏子路爲夫子之輔佐也皆死者天將亡夫子之證也祝者斷也此亦天亡夫子之證故云爾春

孔子曰吾
高祖記

道窮矣
與麟相類而死故云爾

麟之所逮聞也
祖之所逮聞也高記

所見異辭所聞異辭所傳聞異
見所見者謂昭定哀君子見師以臣及父故恩嫌義異於所聞者謂文宣成襄王父時事也恩少殺故立於武宮子不日卒不日又殺故不書下

秋何以始乎隱
以來事可及問但記先人所聞制作之世恩高祖曾祖

辭所傳聞異辭所傳聞異
祝佐也皆死者天生顏淵子路爲夫子之輔佐也天喪予者

何以始乎隱
據得麟乃作據見鹿而死故曰吾道窮三道

何以終乎哀十四年
末終也據哀公曰備矣君人道浹三道

是也欲見撥亂功成於麟鳳皇來儀故以瑞應而終父故厚薄多微辭也所聞之世恩王父少殺故立於武宮子不日卒不日子般卒日

春秋作以瑞應麟鳳皇來儀故鳳皇於周爲暴春秋不書下

者欲見撥亂功成於麟鳳皇來儀大平以瑞應麟鳳皇於周爲暴三時者起於王制作道備當撥亂世則無不竟若子昌爲爲

存春秋作以五經撥亂世治礙石諸正莫近諸春

秋得麟之後天下血書魯端門曰趨作法孔聖沒周姬亡彗
東出秦政起胡破術書記散孔子夏明日往視之血
書飛為赤烏化為白書署曰演孔圖中有作圖制法之狀孔
子仰推天命俯察時變却觀未來豫解厄窮知漢當繼大亂
之後故作撥亂之法以授之

則未知其為是與其諸君子

樂道堯舜之道與 作傳者謙不敢斥夫子所為作
末不亦樂乎堯舜之知君子也 制春秋之義以俟
後聖王以聖漢為法之 待聖漢受命而王
君子之為亦有樂乎此也

百獸率舞鳳皇來儀春秋杰以王次春上法天文四時具然
後為年以敬授民時崇德攻戾鱗刀得獜火平道同者熙稱德
含者拊友故曰樂道堯舜之道
貫於百王而不滅名
與日月並行而不息 其樂

十一

春秋公羊第十二

經二千四百十二字
注三千三百八十二字

凡一十二萬七百五十七字

經四萬四千八百四十四字
注七萬五千九百十三字

凡一十二萬九千四百五十六字

樂道非其道與　其道非其道與　樂道非其道與

本不承樂平春兼平也女　儒春林之義也夫

發墨　孔氏之鳥　百王而不變也

與日民趨往而不厭也　貴來百王而不變也

樂官　新天命與焉　不圖中書夏門日數不志年聖